밀당의 고수 자석맨,

자석이 뭐야?

밀당의 고수 자석맨,
자석이 뭐야?

글 김재혁 **그림** 정서용
초판 1쇄 발행일 2022년 4월 25일 **초판 2쇄 발행일** 2023년 6월 15일
펴낸이 박봉서 **펴낸곳** (주)크레용하우스 **출판등록** 제1998-000024호
편집 이민정·최은지 **디자인** 이혜인 **마케팅** 한승훈·신빛나라 **제작** 김금순
주소 서울 광진구 천호대로 709-9 **전화** (02)3436-1711 **팩스** (02)3436-1410
블로그 blog.naver.com/crayonh **이메일** crayon@crayonhouse.co.kr

글 ⓒ 김재혁, 2022
사진 ⓒ 셔터스톡, 인천국제공항공사
이 책에 실린 글과 그림, 사진은 무단 전재 및 무단 복제할 수 없습니다.
KC마크는 이 제품이 공통안전기준에 적합하였음을 의미합니다.

ISBN 978-89-5547-919-5 74420

밀당의 고수 자석맨,

자석이 뭐야?

김재혁 글 정서용 그림

크레용하우스

작가의 말

재미있는 자석 이야기로 상상의 나래를 펼쳐 보세요

"어떤 힘이 나침반의 바늘을 움직이는 걸까?"

어릴 때 아인슈타인은 나침반을 선물 받았답니다. 아인슈타인은 나침반의 바늘이 이리저리 움직이는 것이 정말 신기했어요. 아무것도 나침반에 닿아 있는 것이 없는데도 바늘이 움직였기 때문이지요. 아인슈타인이 물리학자로 크게 성공할 수 있었던 이유는 어려서부터 자연 현상에 호기심이 많았기 때문입니다. 이 책은 여러분이 어린 아인슈타인처럼 과학에 흥미를 느끼길 바라는 마음으로 썼답니다.

교실에 있는 칠판, 집에 있는 냉장고를 보면 자석을 쉽게 볼 수 있어요. 물론 자석을 이용한 장난감도 재미있게 가지고 놀았을 테고요. 그런데 자석은 이런 곳에만 쓰이는 것이 아니랍니다. 거의 모든 가전제품에 자석이 들어 있어요. 우리가 편리하게 사용하는 전기도 사실은 대부분 자석을 이용하여 만든답니다.

전기 자동차의 모터나 발전소의 거대한 발전기 내부에는 아주 세고 커다란 자석이 들어 있어요. 전기 현상과 자기 현상은 서로 떼려야 뗄 수 없는 관계이기 때문이지요.

이 책은 초등학교 과학 교과서에 나오는 자석의 성질에 여러 가지 재미있는 자석 이야기를 보태었답니다. 왜 어떤 물건에는 자석이 붙고 어떤 물건에는 붙지 않는지, 전기를 이용해서 어떻게 자석을 만드는지 그리고 자석을 이용한 물건은 무엇이 있는지를 설명해요.

  우리와 아주 가까이 있지만 너무 흔해서 쉽게 지나치기 쉬운 자석. 이 책을 읽고 여러분도 어릴 때의 아인슈타인처럼 상상의 나래를 펼쳐 보길 바랍니다. 철새가 자석의 성질을 이용해 먼 길을 여행하는 것처럼 이 책이 여러분을 과학자로 이끌 수 있기를 바라봅니다.

2022년 봄에
김재혁

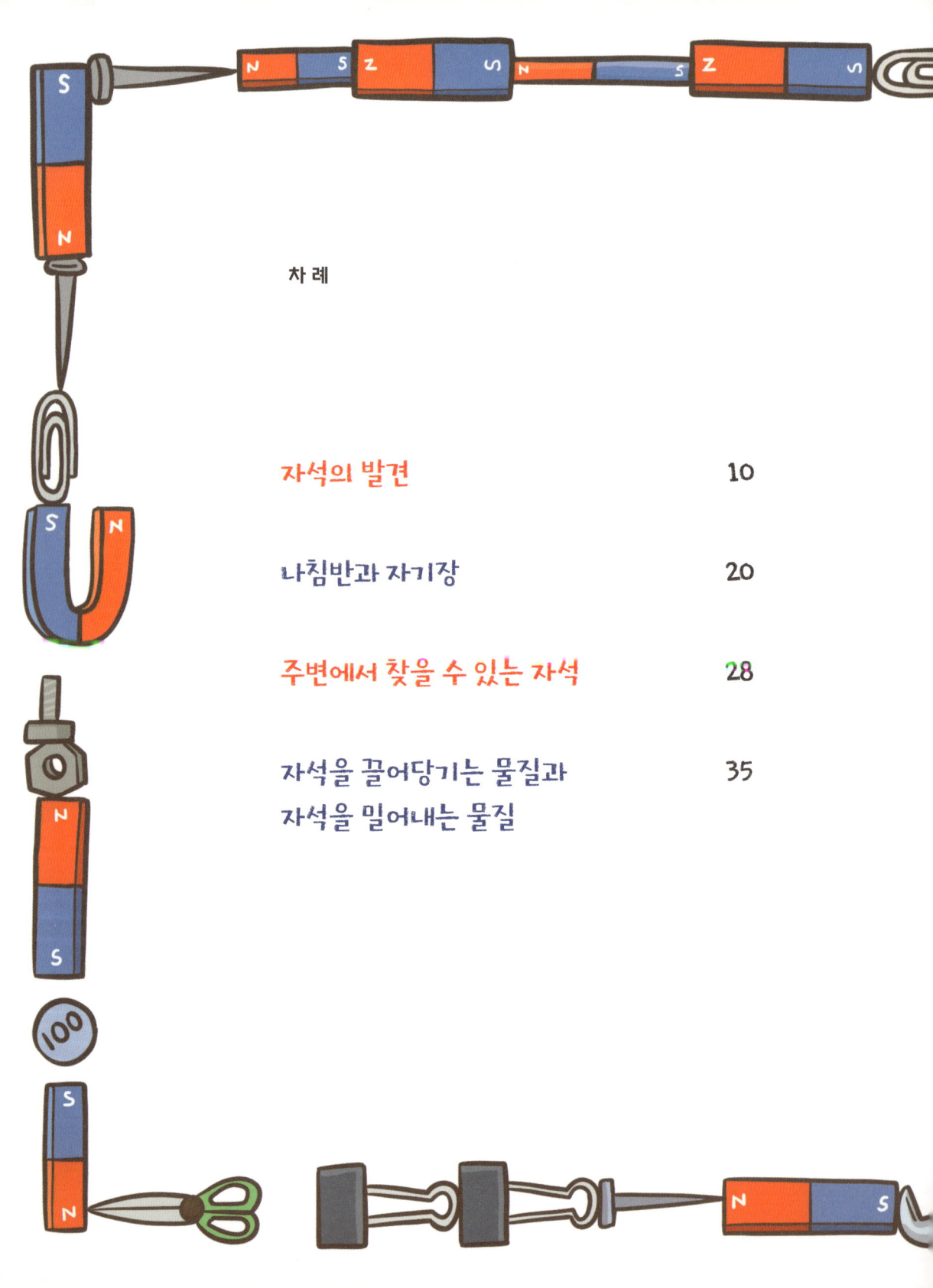

차 례

자석의 발견 10

나침반과 자기장 20

주변에서 찾을 수 있는 자석 28

자석을 끌어당기는 물질과 35
자석을 밀어내는 물질

전류가 만드는 자석　　　　　　　　　　48

자석과 코일을 이용해 만든 전동기　　　54

공중에 떠서 가는 자기 부상 열차　　　58

커다란 지구 자기장　　　　　　　　　　63

여러분, 안녕? 나는 자석맨이라고 해요.
맞아요. 여러분 머릿속에 떠오르는 그 빨갛고 파란 자석!
N극과 S극이 있어 밀어내고 당기는 데
선수인 그 자석맨이 바로 나랍니다.
그런데 많은 사람이 나를 막대자석으로만 알고 있더라고요.
사실 나는 요렇게 저렇게 변신하며 생각보다
꽤 많은 데 쓰이지요. 못 믿겠다고요?
좋아요. 그럼 우리 함께 자석의 세계로 풍덩 빠져 볼래요?
너무 매력적이라 못 헤어날지도 몰라요!

자석의 발견

　영웅일수록 멋진 탄생 이야기를 가지고 있지요. 나 자석맨 역시 그럴 것 같지 않나요? 대체 나처럼 멋지고 쓸모 있는 자석은 누가 만들어 냈을까요?

　내가 어떻게 이 세상에 모습을 드러내게 되었는지 궁금하지 않나요? 날 만들어 낸 사람은 상이란 상은 다 휩쓸었을 거라고요?

　사실 누군가가 나를 만들어 낸 것은 아니에요. 나는 발견되었거든요. 어디서 발견되었냐고요? 하늘인지 바다인지 궁금한가요? 궁금하면 500원! 하하하, 그럼 이 위대하고 멋진 자석을 발견하고 발전시킨 이야기를 만나러 가 볼까요?

　어렸을 때 자석 장난감을 가지고 놀아 본 적 있나요? 서로 착착

붙여서 피라미드도 만들고 집도 만들 수 있어서 재미있지요. 자석을 이용하면 학교 칠판에 게시물을 붙일 수 있고, 집에서 냉장고에도 메모를 붙일 수 있어 매우 편리합니다.

그런데 자석을 이용해서 할 수 있는 일이 이러한 것 말고도 많다는 사실을 아나요? 놀라지 마세요. 만약 자석이 없다면 자동차도 움직일 수 없고, 집에서 사용하는 냉장고, 청소기, 에어컨도 쓸 수가 없답니다.

신기하지요? 우리 생활에 없어서는 안 되는 자석을 어디에 사용하는지 알아볼까요? 우선 자석이 어떻게 발견되었는지부터 알아봅시다.

자석의 발견

앞에서 이야기했듯이 자석은 누가 만든 것이 아니라 우연히 발견되었답니다. 언제 자석이 발견되었는지는 정확하지 않아요. 2000년도 넘는 아주 오래전에 발견되었기 때문이지요.

자석을 처음 발견한 것은 자철석이라 부르는 천연 광석 덕분이에요. 유럽에 전해지는 전설을 보면 양치기 소년이 양을 돌보다가 신발이 돌덩어리에 처억 하고 달라붙었다는 이야기가 나와요. 신발에 쇠못을 박아 굽을 만들었기 때문이지요. 이 돌덩어리가 자연적으로 만들어진 자석, 바로 자철석이랍니다. 보통 천연 자석이라

불러요.

자석은 영어로는 마그넷(magnet)이라고 해요. 그리스의 마그네시아라는 지방에 자성을 띠는 자철석이 많이 발견되어서 그 이름을 딴 것이라 합니다.

그렇지만 중국에서는 훨씬 이전에 천연 자석에 대해 알고 있었다는 기록이 남아 있답니다. 천연 자석이 철을 끌어당긴다는 사실도 알고 있었고, 자석을 이용해 동서남북을 알 수 있는 나침반도 만들었다고 해요.

자석의 성질

자석에는 어떤 성질이 있을까요?

여러분이 아는 것처럼 자석에 쇠붙이를 가까이 가져가면 달라붙어요. 어떤 물질은 붙지 않지요.

보통 막대자석을 보면 빨간색과 파란색으로 색칠되어 있어요. 자석에는 두 가지 극이 있는데 이 극을 구분하기 위해서랍니다. 빨간색은 N극, 파란색은 S극이라 부르지요.

자석은 같은 극끼리는 서로 밀어내고 다른 극끼리는 서로 끌어당긴답니다. 서로 가까이 갈수록 밀거나 당기는 힘도 세지고요.

인력 : 자석의 다른 극끼리 서로 끌어당기는 힘

척력 : 자석의 같은 극끼리 서로 밀어내는 힘

자석의 세기는 N극과 S극 양 끝쪽이 가장 셉니다. 그래서 막대자석을 클립 가까이 가져가면 양 끝에 클립이 가장 많이 달라붙어요.

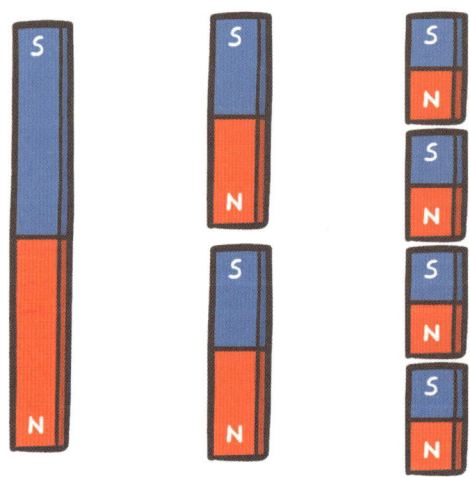

재미있는 것은 자석에서 한쪽 극만 따로 떼어 낼 수 없다는 점이에요. 자석을 쪼개면 다시 N극과 S극으로 나뉜답니다. 지금까지는 누구도 극이 하나만 있는 자석을 발견한 적이 없답니다. 혹시 여러분이 극이 하나만 있는 자석을 찾는다면 노벨상을 탈 수도 있지요.

자석의 모양

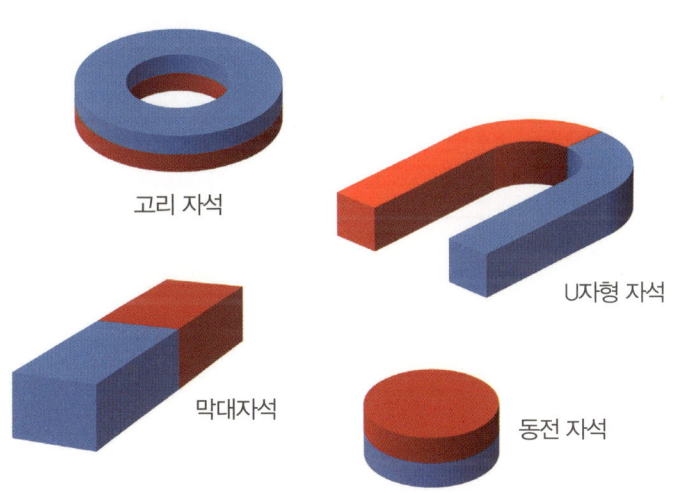

고리 자석

U자형 자석

막대자석

동전 자석

자석은 모양에 따라 여러 가지 이름으로 불러요. 막대 모양으로 생긴 막대자석과 알파벳 U자를 닮은 U자형 자석은 과학실에서 쉽게 볼 수 있어요. 봉 형태로 생긴 자석도 있고 고리 모양과 동전 모양의 자석도 있어요. U자형보다 두 극이 조금 더 가깝게 만든 말굽자석도 있지요. 말굽자석과 U자형 자석은 서로 구분하지 않고 부르기도 한답니다.

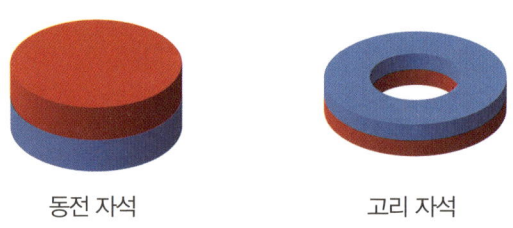

동전 자석   고리 자석

 동전 모양, 고리 모양의 자석은 겉보기에는 비슷해 보이지만 N극과 S극을 배치하는 방법에 따라 다양한 자석을 만들 수 있어요. 자석에서 어느 곳이 N극인지 알아보려면 막대자석을 가까이 가져가면서 살펴보면 된답니다. N극을 가까이 가져갔을 때 밀어내면 N극이겠지요?

자석의 종류

 자석은 무엇으로 만들었는지에 따라 여러 가지로 구분할 수 있어요. 흔히 볼 수 있는 막대자석이나 말굽자석은 철에 다른 물질을 첨가하여 만든 것으로 페라이트 자석이라 해요.

그런데 이 페라이트 자석보다 아주 센 자석도 있어요. 바로 네오디뮴 자석이랍니다.

네오디뮴 자석

네오디뮴 자석은 철에 네오디뮴과 붕소를 섞어서 만든 자석이에요. 네오디뮴 자석은 지금까지 만들어진 자석 중에서 가장 강력하답니다.

광고물

자석 중에는 고무에 자석 가루를 섞어서 만든 것도 있답니다. 집 현관에 붙은 음식점 광고를 볼 때가 많지요? 이 광고물의 뒷면을 보면 고무 자석이 붙어 있어요. 고무 자석은 자기력은 약하지만 잘 휘어지기 때문에 여러 용도로 쓰인답니다.

지금까지 소개한 자석은 모두 고체인데요. 액체 형태의 자석도 있답니다. 자성을 띤 가루를 액체에 섞은 것인데요. 자석을 가까이 가져가면 고슴도치 가시처럼 사방으로 퍼지는 모습을 보여요.

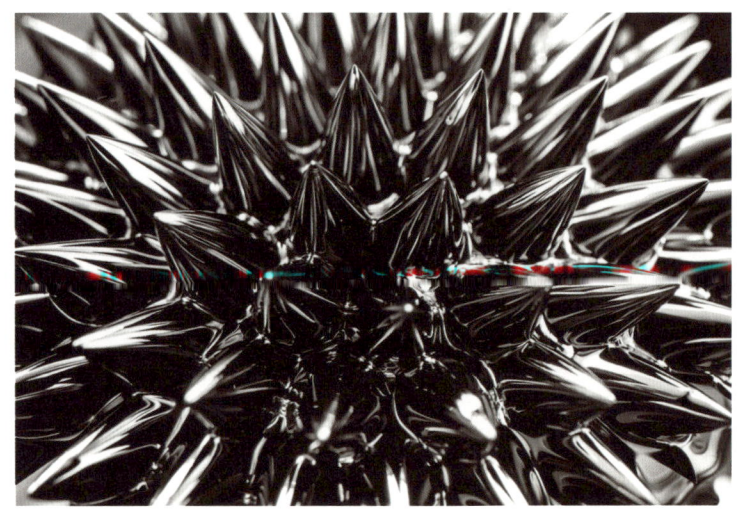
액체 자석

자석 만들기

집에서 쉽게 자석을 만들어 볼 수 있어요. 우선 쇠못과 자석을 준비해요. 그런 다음 자석으로 쇠못을 마찰시키면 쇠못이 자석이

된답니다. 신기하지요? 자석의 N극으로 문지르면 N극이 마지막으로 접촉된 부분이 S극이 된답니다.

　반대로 자석에서 자기력을 없애고 싶을 때는 어떻게 하면 좋을까요? 자석에 망치 같은 것으로 충격을 주거나 열을 가하면 자석은 자성을 잃는답니다.

나침반과 자기장

나 자석맨의 발견부터 쓰임까지 알아보고 나니 더 존경스럽지요? 그런데 자석의 위대함은 이게 끝이 아니랍니다. 위대한 과학자 아인슈타인의 호기심을 자극하는 데 한몫한 것도 바로 나 자석이랍니다.

아인슈타인의 호기심을 자극했던 중국의 4대 발명품 중 하나인 나침반! 나침반은 굉장히 유용하게 쓰이지요.

그런데 그 나침반의 중요한 바늘도 모두 자석 없이는 제대로 움직일 수 없다는 것 알고 있나요? 나침반과 자석의 힘이 미치는 공간에 대해 한번 알아볼까요?

아인슈타인은 어렸을 때 아버지께 나침반을 선물 받았어요. 어린 아인슈타인은 누가 힘을 가하는 것도 아닌데 나침반의 바늘이 스스로 돌아가는 것이 너무 신기했답니다. 나침반이 항상 같은 방향을 가리키는 이유도 궁금했지요. 아인슈타인이 세상을 바꿀 수 있는 훌륭한 과학자가 된 것은 이런 호기심 때문이랍니다.

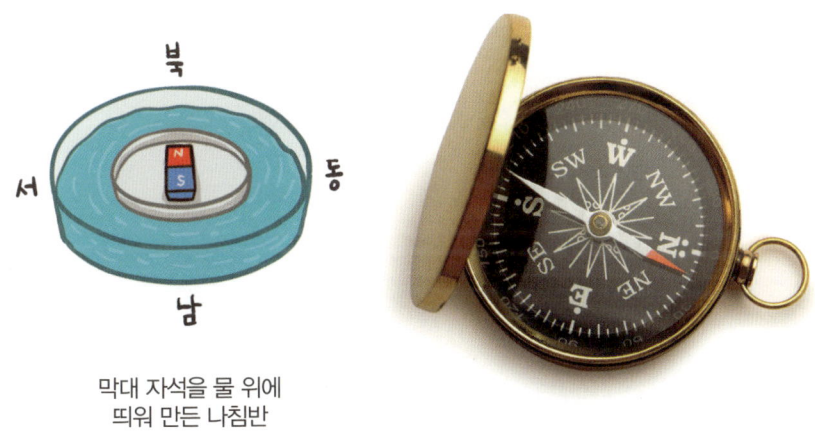

막대 자석을 물 위에
띄워 만든 나침반

나침반의 원리

사실 나침반의 바늘은 자석으로 이루어져 있어요. 이 바늘이 자유롭게 회전할 수 있도록 만든 것이지요.

여러분도 집에서 쉽게 나침반을 만들 수 있답니다. 수조에 물을 넣고 막대자석을 접시에 올린 다음 수조에 띄우면 자석의 N극이 북쪽을 가리킨답니다.

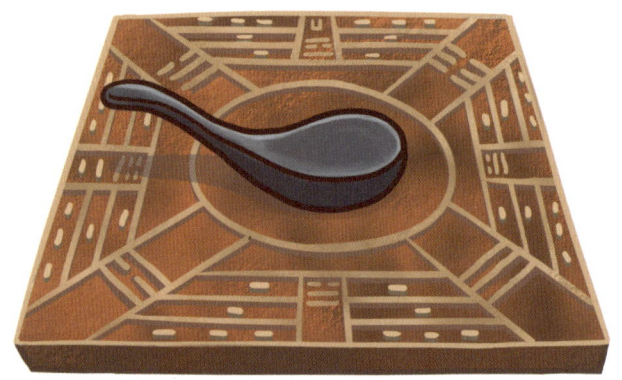

중국에서 사용한 숟가락 모양의 나침반

나침반을 가장 먼저 만들어 사용한 나라는 중국이에요. 나침반은 종이, 화약, 인쇄술과 더불어 중국의 4대 발명품입니다. 나침반 덕분에 먼바다를 여행할 수 있었어요. 나침반이 없었을 때는 바다에서 방향을 알기 어려웠거든요.

중국에서는 나침반을 지남침(指南針)이라고 불렀는데 '남쪽을 가리키는 바늘'이라는 뜻이랍니다. 그런데 왜 나침반은 항상 같은 방향을 가리킬까요?

사실 지구는 하나의 커다란 자석이랍니다. 지구는 북극 쪽이 S극, 남극 쪽이 N극이에요. 그래서 지구에서 나침반을 놓으면 나침반의 빨간 바늘 N극이 북쪽을 가리키지요. 자석은 같은 극끼리는

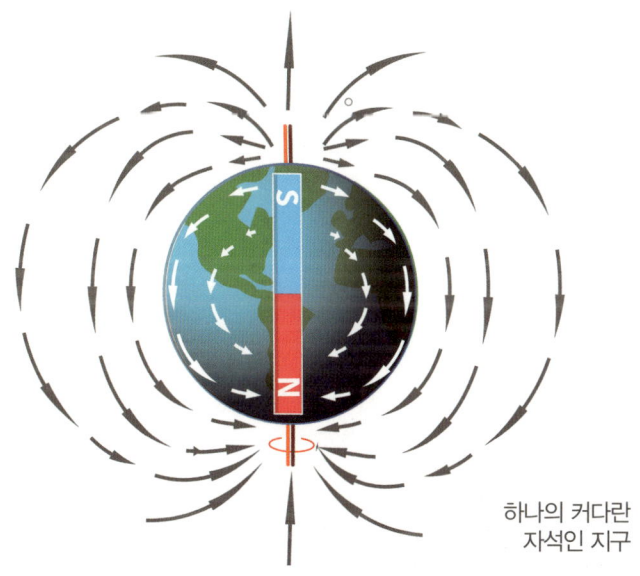

하나의 커다란
자석인 지구

밀어내고 다른 극끼리는 당기기 때문입니다. 자석의 극을 N극과 S극으로 부르는 이유도 여기에 있어요. 영어로 N은 북쪽(North)을, S는 남쪽(South)을 나타냅니다.

자기장

자석은 떨어져 있어도 힘이 작용해요. 이 힘을 자기력이라 한답니다. 이 자기력은 떨어져 있는 물체에도 작용해요. 그래서 아인슈타인은 떨어져 있는데도 보이지 않는 힘이 작용하는 나침반이 신기했던 것이지요.

그런데 아인슈타인 이전에 똑같은 호기심을 가진 과학자가 있었답니다. 영국의 과학자 패러데이가 그 주인공입니다. 패러데이는 눈에 보이지 않는 자기력을 시각적으로 표현했어요.

영국의 과학자 패러데이

패러데이는 가난한 대장장이의 아들로 태어나서 학교도 다니지 못했다고 해요. 패러데이가 살던 시절에는 책을 일일이 손으로 만들었어요. 패러데이는 제본공으로 일하면서 자신이 제본하던 책을 통해 과학에 눈을 뜬 것이지요. 제본이란 낱장으로 된 인쇄 종이들을 실이나 철사로 연결해 표지를 붙여 한 권의 책으로 만드는 것을 말해요.

정말 대단하지 않나요? 아인슈타인도 패러데이를 존경해서 자신의 서재에 초상화를 걸어 두었다고 해요. 그럼 패러데이가 자석이 미치는 힘을 어떻게 표현했는지 알아봐요.

자석이 있으면 주변에 힘을 미치는데 이렇게 자석의 힘이 미치는 공간을 자기장이라 불러요.

자석 주변에 철가루를 뿌린 모습

　자석 주변에 철가루를 뿌리면 사진처럼 철가루가 나열되는 것을 볼 수 있어요. 마치 선들이 이어진 것처럼 보이지 않나요? 패러데이는 이 선에서 영감을 얻었답니다.

　자석 주변에 나침반을 빼곡하게 놓으면 나침반의 바늘이 놓여진 위치에 따라 정렬되어요. 이 나침반의 붉은 바늘이 가리키는 방향을 따라 선으로 연결하면 나오는 선을 자기력선이라 합니다.

　자기력선을 그리면 각 지점에서 자기장의 방향을 알 수 있어요. 또한 자기력선이 촘촘한 부분과 그렇지 않은 부분이 있다는 것도 알 수 있답니다.

25

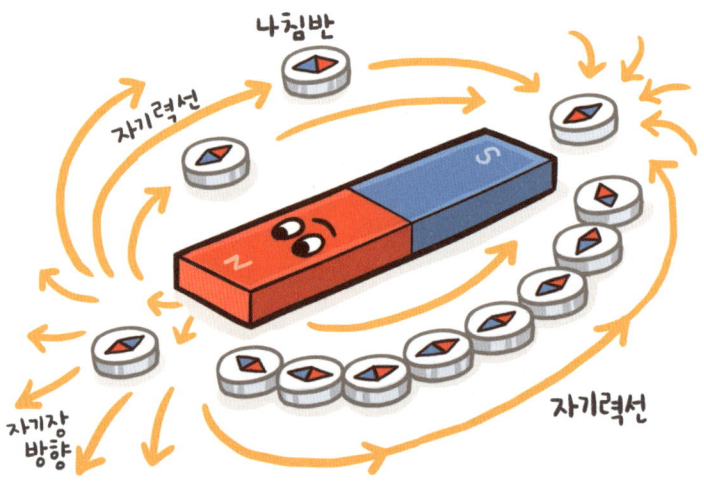

 자석의 양쪽 극 부분을 보면 자기력선이 촘촘합니다. 이렇게 자기력선이 촘촘한 부분이 자기장이 가장 센 곳이랍니다.

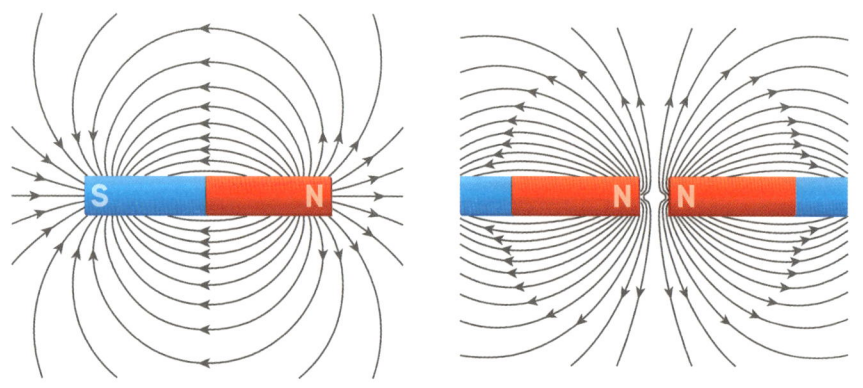

자석에 생기는 자기력선의 모양

자석에 생기는 자기력선의 모양을 그리면 앞에 나온 그림과 같아요. 같은 극끼리는 밀어내고, 다른 극끼리는 당기는 모습이지요. 눈에 보이지 않는 힘이 작용하는 것 같아요.

주변에서 찾을 수 있는 자석

자석이 어디 숨어 있는 거지?

어린이 친구들, 오늘도 자석의 도움을 받으며 하루를 알차게 보냈다는 것 알고 있나요? 모르겠다고요? 자석이 숨어 있어서 몰랐을까요? 아니면 변신을 해서 몰랐을까요?

하하하! 눈을 크게 뜨고 살펴보세요. 요리 봐도 조리 봐도 자석을 볼 수 있으니까요. 교실에도, 휴대 전화에도, 냉장고에도, 여러분의 지갑에서도 변신한 자석을 볼 수 있답니다. 어디 어디 숨었나 한번 찾아볼래요?

우리 주변에 자석이 사용되는 것은 쉽게 찾아볼 수 있어요. 선생님이 칠판에 종이를 붙일 때 자석을 사용하고, 가게에서도 자석 칠판을 이용해 여러 가지 안내문을 붙인답니다.

자석을 이용해 놀이하거나 공부할 수 있는 칠판

　여러분이 집에 있는 냉장고를 닫을 때 마지막에 문이 처억 하고 달라붙는 느낌이 들지 않나요?
　냉장고 문은 꼭 닫히지 않으면 바깥의 더운 공기가 들어와 효율이 떨어진답니다. 그래서 냉장고 문에는 공기가 들어오는 것을 막기 위해 고무 패킹을 사용합니다.
　이 고무 패킹 내부에는 자석이 들어 있어서 냉장고 문이 꼭 닫히도록 도와주지요.
　자석을 사용하여 우리 생활을 편리하게 만든 것은 아주 많답니다. 드라이버로 나사못을 끼울 때 나사못이 떨어질 때가 많습니

냉장고 문에 사용되는 고무 패킹

다. 그래서 드라이버 끝 부분을 자석으로 만들면 나사못이 떨어지지 않아서 매우 편리합니다. 나사못을 손으로 집어서 들 필요도 없고요.

자석 드라이버와 나사못 집기

병따개를 냉장고 문에 붙여 놓거나 휴대 전화 케이스나 거치대, 지갑 등을 여닫는 데도 자석을 이용해요. 태블릿의 경우 펜을 잃어버리기 쉬워서 자석을 이용하여 붙여 놓을 수 있게 만든답니다.

이렇게 자석이 쇠붙이에 붙는 성질을 이용해 편리한 생활을 할 수 있습니다.

다양한 자석의 이용

그런데 여러분이 전혀 생각하지 못한 곳에도 자석이 사용된답니다.

지폐를 만들 때 자석 성분이 들어 있는 자성 잉크를 사용해요. 누군가 가짜로 지폐를 만드는 것을 막기 위해서랍니다. 은행 입구에 있는 현금 인출기는 지폐에 있는 자성 잉크를 읽을 수 있어서 가짜 지폐는 금방 골라낼 수 있다고 해요.

진짜로 지폐에 자석 성분이 있는지 알아보려면 아주 센 자석으로 확인할 수 있답니다. 자석 중에서 네오디뮴 자석이 가장 세다고 했지요? 네오디뮴 자석을 이용해서 실험해 봅시다.

나무젓가락에 머리핀을 끼운 다음에 지폐를 반으로 접어서 머리핀에 올려놓아요. 이때 지폐가 잘 회전할 수 있도록 균형을 잡는 것이 중요해요.

그리고 네오디뮴 자석을 가까이 가져가면 지폐가 자석에 끌려오는 것을 볼 수 있어요. 아주 센 자석이 아니면 잘 되지 않는답니다. 그 이유는 자성 잉크에 들어 있는 자석의 세기가 매우 약하기 때문이에요.

자석은 여러 공구를 다루는 공장에서도 사용됩니다. 자동차 수리를 하는 곳에 가 보면 벽면 가득히 여러 가지 공구가 붙어 있는 것을 볼 수 있지요. 이것도 자석을 이용한 것이랍니다.

여러 가지 공구들을 쓰고 어디에 두었는지 잃어버리기 쉬운데 이렇게 자석을 이용해 한 군데 모아 놓으면 좋겠지요.

자석을 이용한 공구 정리

자석은 쇠붙이 말고는 잘 붙지 않아요. 그래서 여러 가지 물체가 섞여 있는 곳에서 쇠붙이만 골라낼 때도 자석을 사용하면 편리하답니다.

쇠붙이를 골라내는 장치

그림에서처럼 여러 가지 물질이 섞여 있는 물체를 컨베이어 벨트에 올려놓아요. 바퀴 끝 부분에는 자석이 들어 있어서 쇠붙이는 바퀴 끝에서 바로 떨어지지 않는답니다. 이렇게 쇠붙이만 따로 골라낼 수 있어요.

자석을 끌어당기는 물질과 자석을 밀어내는 물질

　내가 아무리 위대하고 훌륭한 자석맨이라 해도 모두 나를 좋아할 수는 없지요. 그래서 내가 아무리 싫다고 해도 나에게 착 달라붙는 물건들이 있는가 하면 아무리 내가 힘주어 당겨도 붙지 않는 물건들이 있어요.
　금속이면 다 나에게 붙는 거 아니냐고요?
　아니요! 금속이라고 해서 모두 나에게 붙지 않아요. 왜 그런지 이유를 알면 자석을 조금 더 편리하게 사용할 수 있지요. 필요할 때는 내게 붙게 했다가 필요하지 않을 때는 떨어지게 할 수도 있거든요. 신기하다고요? 하하하, 그러면 신기함에 깊숙하게 빠져 볼까요.

어떤 물질은 자석에 붙지 않고 어떤 물질은 자석에 붙어요.

자석에 붙는 물체와 붙지 않는 물체

유리, 고무, 빨대, 알루미늄 캔, 플라스틱 등은 자석에 붙지 않아요. 못, 클립, 빵 포장할 때 쓰는 끈 등은 자석에 붙는데 모두 내부에 철이 들어 있어요. 금속 중에서 철 빼고는 자석에 붙지 않는답니다. 그래서 금, 은, 구리 등도 자석에 붙지 않아요. 왜 그런지 이유를 알아볼까요?

원자 자석

과학자들은 물체의 내부에 아주 작은 자석이 들어 있다고 생각한답니다. 물론 그림에 나온 것처럼 진짜 막대자석이 들어 있는 것은 아니랍니다. 이해를 돕기 위해 자석으로 그린 거예요. 물질 내부에 들어 있는 아주 작은 자석들을 원자 자석이라 불러요.

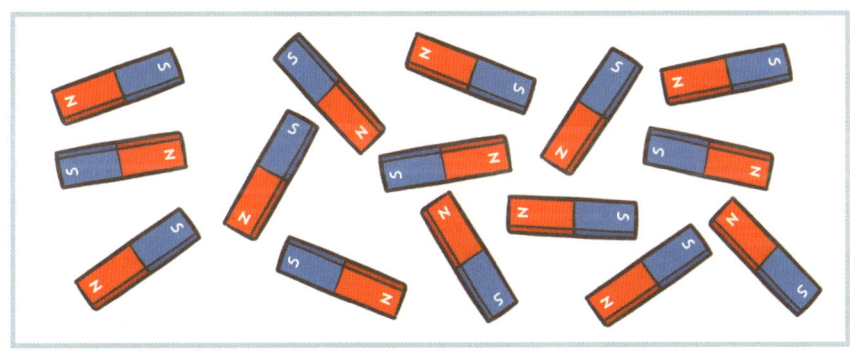

원자 자석

그런데 물질 대부분은 이 원자 자석들이 모두 제각각 다른 방향을 향하고 있어서 자기력이 없답니다. 어떤 이유로 이 원자 자석들이 한 방향으로 정렬하면 자석이 되는 거지요.

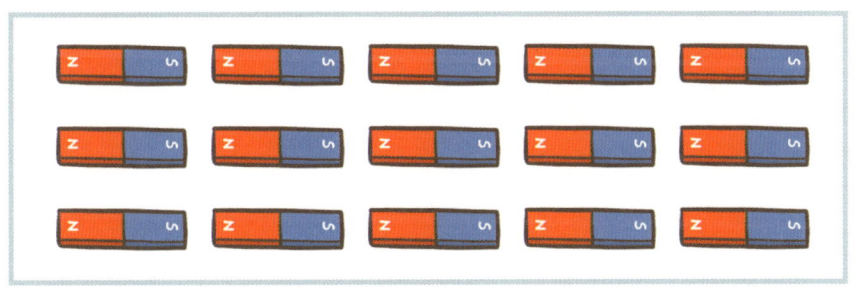

자화된 물질

원자 자석들이 같은 방향으로 정렬되면 자석의 성질을 갖기 때문에 자화되었다고 합니다.

앞에서 자석에 열을 가하면 자석의 성질을 잃는다고 했었지요? 그 이유는 자석에 열을 가하면 정렬되었던 원자 자석들이 마구잡이로 방향을 정하기 때문입니다.

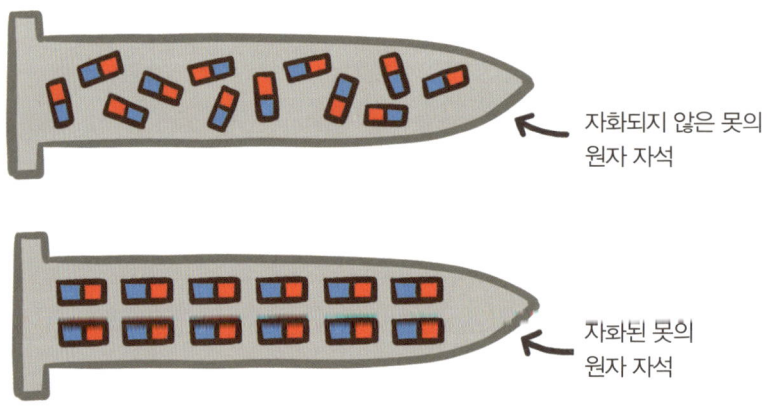

← 자화되지 않은 못의 원자 자석

← 자화된 못의 원자 자석

쇠못을 자석으로 문지르면 쇠못은 자석이 됩니다. 쇠못이 자화된 것이지요. 철은 자석을 문질러서 자화시킬 수 있어요. 그러니까 철로 만든 쇠못은 자석이 될 수 있는 것이지요.

위의 그림처럼 못의 내부를 보면 자화되지 않은 못은 원자 자석이 뒤죽박죽 여러 방향을 향하고 있지요. 그렇지만 자화된 못은 원자 자석들이 모두 같은 방향을 향하고 있어요. 그럴 때만 자기력이 더해져 자성을 띤답니다.

자석을 끌어당기는 물질

철이 자석에 붙는 이유는 자석을 가까이 가져갈 때 원자 자석들이 그림처럼 정렬하기 때문이에요.

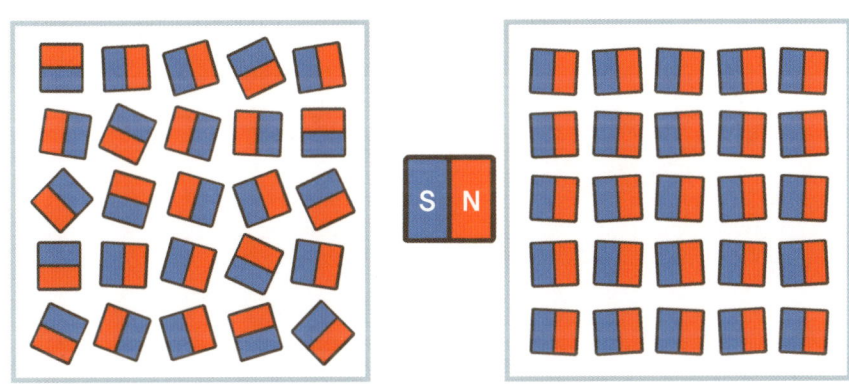

자석이 없을 때와 자석을 가까이 가져갈 때
자석에 붙는 물질의 원자 자석 모양 변화

자석이 없을 때는 원자 자석들의 방향이 제멋대로이지요. 그런데 자석을 가까이 가져가면 원자 자석들은 자석과 동일한 방향으로 정렬해요. 그래서 그림에서 보는 것처럼 자석의 N극과 가까운 쪽이 S극이 된답니다. 앞에서 자석은 다른 극끼리 끌어당긴다고 했지요?

자석에 붙는 물질은 원자 자석이 이러한 성질을 갖기 때문이에요. 이러한 물질 중 대표적인 것이 철이랍니다. 이 성질을 잘 이용하면 자석을 껐다 켤 수 있어요.

껐다 켰다 하는 자석 장치

공장에서 무거운 철판을 들 때 자석을 이용해요. 그런데 계속 철판이 자석에 붙어 있으면 곤란하겠지요? 그래서 자석을 켜고 끄는 장치가 있답니다.

자석을 켜고 끄는 장치의 원리는 내부에 강력한 자석을 회전시

키는 거예요. 자석의 양극이 철과 나란하게 되면 철이 자화되어 자석 역할을 해요. 그런데 이 자석을 90도로 회전시키면 철이 자화되지 않기 때문에 자성을 띠지 않는답니다.

자석을 밀어내는 물질

철을 빼면 대부분 자석에 붙지 않지요. 하지만 정확히 말하자면 자석에 붙지 않는 것이 아니라 자석을 밀어내는 것이랍니다. 그 힘이 너무 약해서 우리가 느낄 수 없을 뿐이에요.

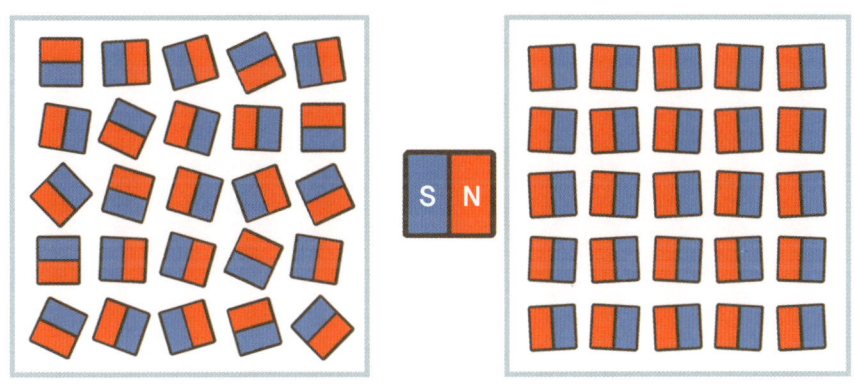

자석이 없을 때와 자석을 가까이 가져갈 때
자석을 밀어내는 물질

어떤 물질은 자석을 가까이 가져가면 원자 자석들이 자석과 반대 방향으로 정렬해요. 그래서 자석을 밀어낸답니다. 하지만 그 힘이 너무 약해서 우리가 느낄 수 없어요. 이렇게 자석을 밀어내는 물질 중 대표적인 것은 물이랍니다.

센 **자기장으로** 공중에 뜬 개구리

외국의 한 실험실에서 아주 센 자기장 위에 개구리를 올려놓는 실험을 했답니다. 그랬더니 개구리가 공중에 떴어요. 개구리 몸속에는 물이 많이 있기 때문이지요. 우리 주변에서 자연적으로 센 자기장을 만드는 자석은 볼 수 없답니다. 그래서 물에 자석을 가까이 가져가면 아무런 변화가 느껴지지 않아요.

믿기지 않는다고요? 만약 여러분이 아주 센 네오디뮴 자석을 가지고 있다면 직접 실험으로 확인해 볼 수 있어요. 우선 오이를 실로 매달아 균형을 잡아요. 이 상태에서 네오디뮴 자석을 오이 끝

자석을 밀어내는 오이

에 가까이 가져가면 오이가 회전하는 것을 볼 수 있답니다. 오이의 주성분이 물이기 때문입니다. 오이를 매달면 네오디뮴 자석을 살짝 대도 오이를 회전시킬 수 있어요.

자석의 투과력

자석 사이에 다른 물체를 넣으면 어떻게 될까요?

플라스틱 통에 빵 끈을 넣고 자석을 가까이하면 빵 끈이 자석에 붙는 것을 볼 수 있어요. 빵 끈 내부에는 철사가 들어 있기 때문이

플라스틱 통의 빵 끈에 작용하는 자기력

지요. 신기하게도 자기력은 플라스틱을 통과하여 작용한답니다. 그럼 다른 물체는 어떨까요? 다음과 같이 실험해 봐요.

자기력 투과 실험

실에 클립을 끼운 다음 실을 바닥에 고정시키고 자석을 가까이 가져가면 클립이 위로 끌려오는 것을 볼 수 있어요. 그런데 자석과 클립 사이에 다른 물체를 넣으면 어떻게 될까요?

종이, 플라스틱, 알루미늄 포일 등을 넣으면 클립은 그대로 공중에 떠 있어요. 자기력이 이 물체들을 통과하여 작용하기 때문이지요. 그런데 이 사이에 얇은 철판을 넣으면 클립이 아래로 떨어진답니다. 자기력이 철판을 통과하면 그 힘이 많이 약해져서 클립이 떨어지는 거예요.

그러니까 철을 제외한 물질 대부분은 자기력이 투과하고 철은 자기력이 투과하지만 약해져요. 그럼 자기력이 전혀 투과하지 못

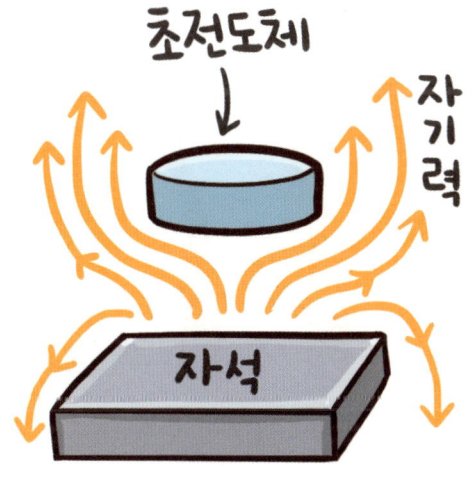

자기력이 투과하지 못하는 초전도체

하는 물질도 있을까요?

아주 낮은 온도에서 전류가 아주 잘 흐르는 물질이 있어요. 초전도체라고 합니다. 45쪽 그림은 액체 질소를 부어 온도가 낮아진 초전도체가 자석 위에 떠 있는 모습이에요. 이 초전도체는 자기력이 통과할 수 없답니다. 그래서 자석 위에 초전도체를 올려놓으면 자기력이 초전도체를 밀어 올려 공중에 뜨게 됩니다.

자석에 붙지 않는 철

철은 자석에 잘 붙지만 녹슬면 잘 붙지 않는답니다. 철이 산소와 결합하여 녹슬면 성질이 변하기 때문입니다. 이것을 알아볼 수 있는 실험이 있어요.

성냥 머리에 들어 있는 산화철

여러분이 케이크를 사면 초와 성냥이 들어 있어요. 성냥의 머리 부분을 보면 빨간색인데 불을 붙이고 나면 검은색으로 변하지요.

성냥 머리에는 불이 잘 붙도록 도와주는 성분이 들어 있는데 이것은 바로 녹슨 철이에요. 과학자들은 산화철이라 부른답니다. 그래서 성냥에 불을 붙이기 전에는 자석을 가까이 가져가도 성냥이 움직이지 않아요.

그런데 타고 남은 성냥 머리에 자석을 가까이 가져가면 끌려오는 것을 볼 수 있답니다. 성냥이 타면서 산소도 함께 타 버려 녹슨 철이 다시 철로 변하기 때문입니다. 물론 이 실험을 하려면 강력한 네오디뮴 자석이 필요하답니다.

전류가 만드는 자석

어린이 여러분은 아마 지금까지 내가 들려준 것만으로도 충분히 나 자석맨의 위대함과 신비함에 놀랐을 거예요.

그런데 말이에요. 전류를 이용해서도 자석을 만들 수 있다는 것 알고 있나요?

전류로 만든 자석은 천연 자석이나 다른 물질을 첨가해 만든 자석과 어떻게 다른지 궁금하지 않나요? 간단한 실험으로 전류를 이용해 자석을 만들어 봐요.

그 전에 잠깐 전류가 뭔지 알아볼까요? 여러분은 전지에 꼬마전구를 연결한 것을 본 적이 있을 거예요.

전지에 도선을 이용하여 꼬마전구에 연결하면 전지의 (+)극 쪽

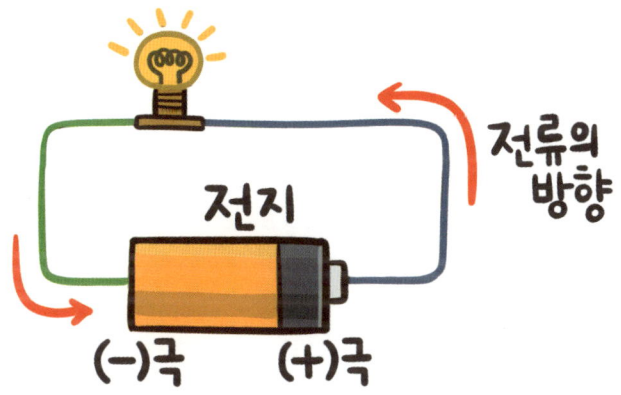

꼬마 전구를 전지에 연결했을 때 전류의 방향

에서 (−)극 쪽으로 전류가 흘러요. 이 전류가 꼬마전구를 밝히는 것이지요.

덴마크의 과학자인 외르스테드는 실험하는 도중에 전류가 흐르는 도선 근처에 있던 나침반의 바늘이 움직이는 것을 발견했어요.

이 발견은 우연히 일어난 일이에요. 실험과는 전혀 상관없는 나침반이 실수로 탁자 위에 놓여 있었던 것이지요.

외르스테드의 이 발견은 과학 발전에 큰 영향을 미쳤어요. 왜냐하면 이 발견 이전에는 전기 현상과 자기 현상은 완전히 별개의 일이라 생각했으니까요. 사실 전기와 자기는 서로 연관이 있었던 것이지요.

전류가 흐르는 도선이 자석처럼 자기력을 미치는 것을 발견한

실험 도중 우연히 전기와 자기의 연관성을 발견한 외르스테드

이후에 여러 가지 실험이 이루어졌어요. 그중에서 재미있는 것은 도선을 감아서 만든 코일이랍니다. 코일에 전류를 흘려 주면 마치 자석과 비슷한 자기장을 만든답니다.

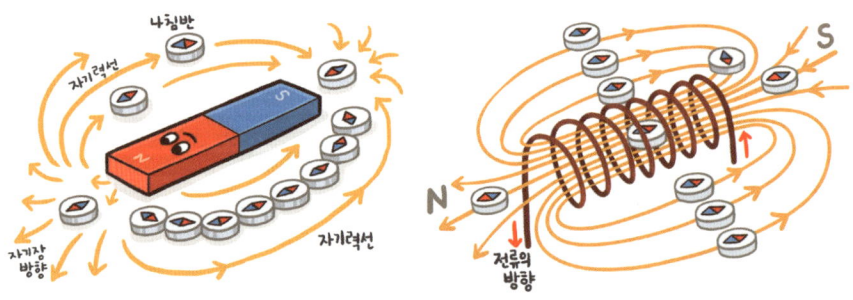

막대자석에 의한 자기력선과 코일에 의한 자기력선

이렇게 코일 형태의 도선에 전류를 흘려 주면 자석의 성질을 띠기 때문에 전자석이라 불러요. 코일에 철심을 넣으면 자기력이 더 세진답니다. 전류가 세게 흐를수록 자기력도 더 세지고요. 그리고 전류의 방향이 바뀌면 전자석의 극도 바뀐답니다. 그러니까 전자석은 자석이 되었다 안 되었다 할 수도 있고 자석의 극도 바꿀 수 있는 것이지요.

집에서 쉽게 만드는 전자석

 여러분도 집에서 쉽게 전자석을 만들어 볼 수 있어요. 우선 쇠못에 도선을 감아요. 이때 전선의 양 끝은 껍질을 벗겨야 한답니다. 그런 다음 도선을 전지에 연결하면 끝이랍니다. 클립처럼 자석에 붙는 작은 쇠붙이를 준비하세요. 이 물체를 쇠못에 가까이 가져가

보세요. 마치 자석을 가까이 가져간 것처럼 달라붙는 것을 볼 수 있답니다.

전자석을 이용한 기중기

전자석은 자석과 비슷하지만 다른 점도 있어요. 전자석은 전류가 흐를 때만 자석이 되고 전류가 흐르지 않으면 자성을 띠지 않는답니다. 그래서 쇠붙이를 들어 올릴 때 사용하는 기중기에는 전자석을 써요. 둥그런 원판처럼 생긴 전자석 내부에는 코일이 들어 있답니다.

우리 주변에 전자석을 이용한 것은 무척 많아요. 스피커나 이어폰 속에도 자석과 전자석이 들어 있어요. 스피커는 고리처럼 생긴 자석에 전자석을 넣어서 만들어요. 전자석에는 얇은 진동판이 붙어 있답니다. 전자석 내부의 코일에 전류를 흘려 주면 전자석과 자석 사이에 힘이 작용하지요. 이때 전류의 세기나 방향이 변하면 코일이 진동하게 됩니다. 그러면 코일에 붙어 있던 얇은 진동판이 떨리면서 소리가 발생하게 된답니다.

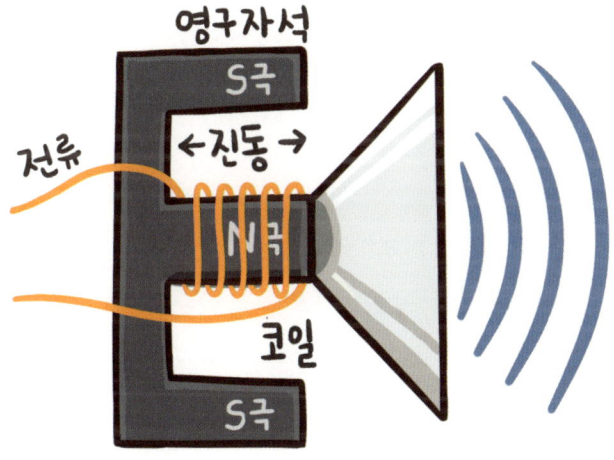

전자석을 이용한 스피커의 구조

자석과 코일을 이용해 만든 전동기

앞에서 전자석에 대해 알아보았어요. 그런데 전자석을 이용한 것 중에서 우리 생활과 떼려야 뗄 수 없는 중요한 도구가 있답니다. 바로 전동기입니다. 전동기가 없으면 냉장고, 선풍기, 에어컨, 자동차 등을 움직일 수 없어요. 그럼 전동기에 대해 알아볼까요?

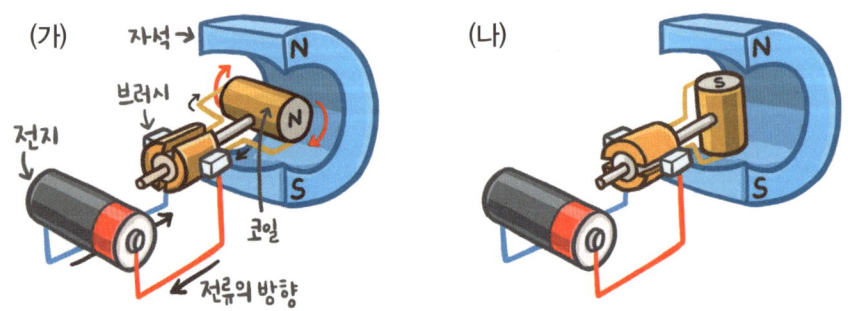

전동기의 작동 원리

전동기는 자석 내부에 코일을 넣어서 만든답니다. 그림 (가)처럼 전류가 흐르면 코일은 자성을 띠겠지요?

자석은 같은 극끼리는 밀어내고 다른 극끼리는 잡아당기기 때문에 코일이 회전하게 됩니다.

코일이 회전하게 되어 (나)의 위치에 오면 전류가 흐르지 않도록 합니다. 그 역할은 브러시가 하지요. 그림을 잘 보면 브러시에 연결된 원통 모양의 금속이 끊어져 있는 것이 보이지요?

브러시가 끊어진 부분에 도달하게 되면 전지와 연결이 끊어져 전류가 흐르지 않아요. 그러면 코일은 자성을 잃고 돌던 방향으로 계속 돌게 되지요.

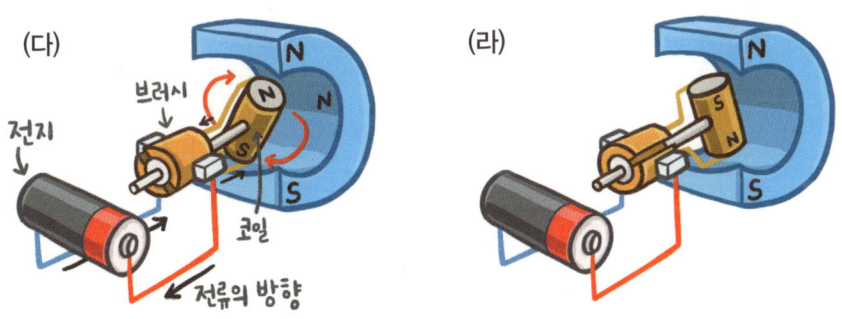

전동기의 작동 원리

그러면 그림 (다)~(라)처럼 다시 코일에 전류가 흘러서 코일은 계속 회전하게 됩니다. 이렇게 전동기는 자석과 전자석을 이용하여 계속 회전하게 됩니다.

그럼 이러한 전동기를 이용한 물건들을 알아볼까요?

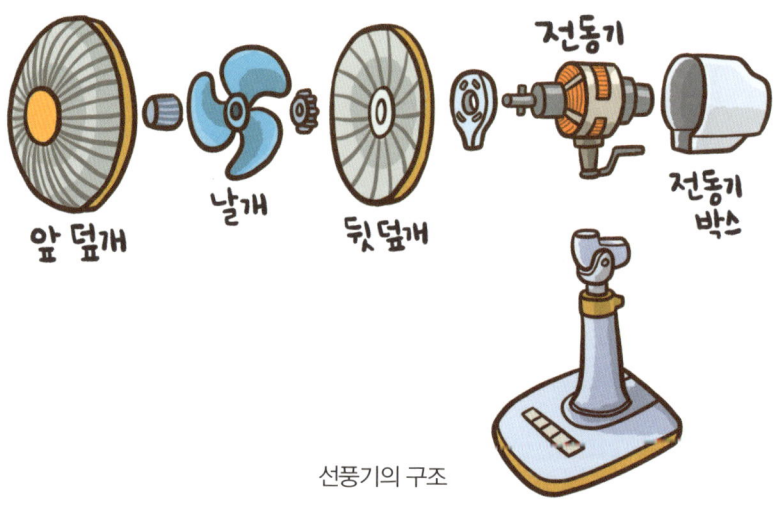

선풍기의 구조

여름철에 시원한 바람을 만드는 선풍기는 전동기를 이용한 것이랍니다. 전동기의 회전축에 선풍기 날개를 연결한 것이지요. 전동기에 전류가 흐르면 회전축이 돌기 시작해요. 이때 회전축에 연결된 날개도 같이 회전하면서 바람을 만드는 것이지요.

전동 드릴, 헤어드라이어, 전기 자동차 모두 전동기를 이용하여 회전 운동을 만드는 도구랍니다.

전기 자동차는 전기 에너지를 충전할 수 있는 배터리와 고성능 전동기로 만들어요. 전기를 이용해 전동기의 축을 회전시키면 전

전동기를 이용해 회전 운동을 만드는 도구들

동기의 축과 연결된 바퀴도 회전하게 된답니다.

전기 자동차는 휘발유를 쓰는 자동차와는 달리 공해를 배출하지 않기 때문에 점점 늘어나고 있답니다. 20년쯤 지나면 거의 모든 자동차는 전기 자동차가 될지도 몰라요.

공중에 떠서 가는 자기 부상 열차

여러분은 아마 기차를 타 보았을 거예요. 레일 위를 달리는 기차는 자동차에 비해 훨씬 빠른 속도로 달릴 수 있답니다. 그런데 기차를 더 빠르게 움직일 수 있는 방법이 있답니다. 바로 자석을 이용하는 거예요.

기차가 앞으로 갈 수 있는 이유는 바퀴와 레일이 접촉해 있기 때문입니다. 그런데 바퀴를 너무 빠르게 회전시키면 바퀴가 레일에서 헛돌게 되기 때문에 속도에 한계가 생기지요. 그리고 바퀴가 계속해서 회전하면 빨리 닳기 때문에 자주 교체해야 해요. 이러한 문제점을 해결하기 위해 발명된 것이 자기 부상 열차랍니다.

자기 부상 열차는 레일과 열차 사이에 자석과 전자석을 배치해

인천공항에서 운행중인 자기 부상 열차

서 기차를 공중에 띄운답니다. 아주 많이 띄우는 것은 아니고 약 1cm 정도 띄우지요. 1cm는 아주 작은 높이이지만 이것으로 충분하답니다. 공중에 떠 있기 때문에 기차처럼 덜컹거리는 것도 훨씬 적어요.

그럼 자기 부상 열차는 어떻게 앞으로 갈 수 있을까요? 떠 있기만 해서는 아무 쓸모가 없잖아요. 놀랍게도 자기 부상 열차가 앞으로 가거나 멈추는 원리도 자석을 이용해요.

조금 전에 자석을 이용해서 기차를 띄운다고 했지요. 자기 부상 열차에는 바닥과 옆면에 자석이 붙어 있어요. 궤도에는 전자석을 설치해 열차를 궤도에서 띄우지요. 열차가 앞으로 가는 것은 옆면

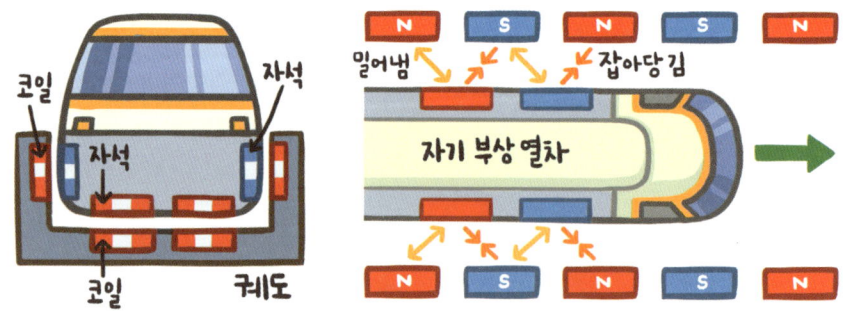

▲ 자기 부상 열차의 원리(한국철도기술연구원)

에 붙은 자석을 이용해요.

궤도에 코일로 만든 전자석이 있는데 이 전자석의 극을 바꾸면서 열차를 앞으로 밀고 잡아당기는 것이지요. 자석의 같은 극끼리 밀고 다른 극끼리 잡아당기는 성질을 이용한 것이랍니다.

자기 부상 열차는 아직은 널리 사용되지 않아요. 열차를 들어 올릴 정도로 매우 센 자석을 만들기 어렵기 때문이지요.

하지만 여러분이 어른이 되어 생활할 즈음에는 자주 볼 수 있을 거예요. 그때는 지금보다 훨씬 빠르고 조용한 기차 여행을 할 수 있겠지요?

자석을 이용하면 생활을 편리하게 만들 수 있어요. 자석은 우리 몸의 아픈 곳을 찾을 때도 사용된답니다.

여러분은 혹시 엑스레이를 찍어 본 적이 있나요?

엑스레이와 자기 공명 영상 장치(MRI)

엑스레이는 X선이라는 투과력이 아주 높은 빛을 이용해요. 그런데 X선은 우리의 몸은 통과하지만 뼈는 통과할 수 없답니다. 이것을 이용해서 뼈에 금이 가거나 부러진 곳을 찾을 수 있어요.

X선은 뼈가 다친 모습을 볼 수 있지만 근육이 손상된 것이나 암 같은 질병을 찾아내고 보는 것은 어려워요. 그래서 만든 것이 자기 공명 영상 장치(MRI)입니다.

자기 공명 영상 장치는 코일로 만들어진 커다란 원통 같은 기구 안에 환자를 눕혀 놓고 자기장을 만듭니다. 그러면 우리 몸을 이루고 있는 원자들이 이 자기장에 반응하지요. 그때 아주 약한 빛이 나오는데 이 빛을 컴퓨터를 이용해서 눈으로 볼 수 있게 만든 것이랍니다.

  자기 공명 영상 장치로 우리 몸의 내부를 자세히 살펴보고 질병을 찾아낼 수 있는 것이지요.

커다란 지구 자기장

앞에서 지구는 커다란 자석이라는 이야기를 했지요?

나침반도 지구 자기장을 이용해서 남쪽과 북쪽을 알 수 있게 해 준다고 했어요. 그런데 사람뿐 아니라 생물도 이 지구 자기장을 이용한답니다.

지구 자기장을 이용하는 철새의 이동

철새는 알을 낳거나 겨울을 나기 위해서 이동하는 새를 말해요. 한곳에서 계속 사는 새는 텃새라고 하지요. 보통 철새는 많게는 한 해 동안 수천 킬로미터를 이동한답니다. 과학자들은 어떻게 철새가 그 먼 거리를 찾아갈 수 있는지 궁금했지요.

최근에 알려진 연구에 의하면 철새의 몸속에는 나침반처럼 지구 자기장을 알 수 있는 단백질이 들어 있다고 해요. 이 단백질을 이용해서 방향을 찾을 수 있는 것이지요.

텃새 중에도 지구 자기장을 이용해 방향을 알아내는 새가 있답니다. 비둘기는 자신이 살던 곳에서 멀리 떨어진 곳에 두어도 원래 살던 곳으로 돌아가는 성질이 있어요. 비둘기의 이러한 특성

지구 자기장을 이용해 편지를 배달한 비둘기

때문에 멀리 떨어진 곳에 편지를 보내는 데 이용했어요. 이를 전서구라고 합니다.

만약 서울에 사는 여러분이 부산에 편지를 보내고 싶을 때 어떻게 하면 될까요?

부산에 살던 비둘기를 서울로 데려와서 편지를 보내고 싶을 때 비둘기의 발목에 편지를 매달아 날리면 된답니다.

그러면 비둘기는 어떻게 원래 살던 곳으로 돌아갈 수 있을까요? 과학자들은 비둘기 몸속에도 나침반과 같은 구실을 하는 작은 자석 조직이 있을 거라고 생각한답니다.

아직 정확하게 자석 조직이 비둘기 몸속 어디에 있는지는 밝혀 내지 못했지만 비둘기가 지구 자기장에 매우 민감하다는 사실은 잘 알려져 있습니다.

지구 자기장은 생물만 이용하는 것이 아니라 지구를 지켜 주는 역할도 합니다. 지구의 북극이나 남극 쪽으로 가면 하늘에 커튼처럼 밝게 빛나는 아름다운 빛을 볼 수 있습니다. 이것을 오로라라고 하는데 이 오로라도 지구 자기장 때문에 생긴답니다.

태양은 사방으로 밝은 빛을 비추지요. 그런데 빛만 비추는 것이 아니라 많은 입자도 쏟아 낸답니다. 물론 지구에도 그 입자가 도달해요. 그런데 지구 자기장이 이 입자들을 극 쪽으로 끌어당기는

아름다운 북극의 오로라

태양과 지구 자기장

역할을 하지요.

　태양에서 나온 입자들이 지구 자기장 때문에 북극이나 남극 쪽으로 모이게 되면 이 입자들이 지구의 공기층에 부딪혀서 빛을 내게 됩니다. 이것이 바로 오로라입니다.

　만약 지구 자기장이 없었다면 태양에서 나오는 입자들이 지구로 곧바로 오기 때문에 생명체가 살기 어려웠을 거라고 해요. 그러니 오로라는 지구를 지켜 주는 방패인 셈이지요.

어때, 재밌었나요?
나 자석맨에 대해 자세히
들여다보니 호기심이 풀렸나요?
일상생활에서 나를 한번 찾아보고
잘 기억해 줘요. 그럼 안녕!